पानी का पत्थर

क्रम

काफलपानी श्रृंखला की कुछ कविताएँ

काफलपानी शृंखला की कुछ कविताएँ

ये कविताएँ ('घास और पत्थर' से लेकर 'चाची का भूत' तक) काफलपानी शृंखला से ली गई हैं। काफलपानी वह जगह है जहाँ मंगलेश जी का जन्म हुआ। काफल पहाड़ में पाया जाने वाला एक पेड़ है जिसके छोटे-छोटे बुग्गीदार फल खट्टे-मीठे बहुत स्वादिष्ट होते हैं और सिर्फ़ एक महीने तक लगते हैं। काफल की जड़ों से होकर बहता पानी बहुत मिठास-भरा होता है। तेज़ी से विलुप्त हो रहे पेड़ों में यह पेड़ भी शामिल है।

घास और पत्थर

घास और पत्थर यहाँ एक साथ आए
कभी घास ने पत्थर को अपने भीतर छिपाया
और कभी पत्थर ने घास को ढँक लिया
घास चाँद और तारों को छूने की कोशिश करती रही
पत्थर ने अपना आकार बढ़ाया और पहाड़ बन गया
ताकि लोग उसके भीतर रह सकें
इस तरह एक सभ्यता शुरू हुई
सन्नाटे में जब पानी चमकता तो संसार पारदर्शी हो उठता
जिसके दूसरी तरफ़ भी देखना मुमकिन था

घास और पत्थर का प्रेम जहाँ कहीं टूटना शुरू हुआ
वहाँ पानी सूखने लगा
आप जगह-जगह जो सूखे हुए धारे और न्योले* देखते हैं
वे इसी टूटे हुए प्रेम के निशान हैं।

(अन्तिम परिवर्तन-सम्पादन : 2020)

* पहाड़ में पानी के स्रोत।

पानी और घास

घास रात में बढ़ती है जब आसपास निर्जन होता है
रात में देखना सम्भव होता तो उसे बढ़ते हुए देखा जा सकता है
दिन में कोई उसे बढ़ते हुए नहीं देख सकता
सुबह लोग उठते हैं और देखते हैं
वह कुछ और लम्बी हो गई है
कल जहाँ बंजर था वहाँ भी कुछ उग आई है
रात का उन्मुक्त पानी घास के बीच बहता रहता है
उसकी आवाज़ में रात थरथराती रहती है
और हवा में एक धीमी आदिवासी गंध तैरती है

घास के लिए पानी जितना तरल हो अच्छा है
पानी को घास की हरी मांसलता बहुत प्रिय है
रात उनका स्थायी पता है
पानी और घास एक शाश्वत प्रेमकथा के पात्र हैं।

(अन्तिम परिवर्तन-सम्पादन : 2020)

पुराना पत्थर

सैकड़ों वर्षों से यह पत्थर यहीं रह रहा है
यह यहाँ रहनेवाले मनुष्यों की तरह है
बल्कि उनसे कुछ पुराना और बेहतर
मसलन दूसरे लोगों के विपरीत वह हमेशा घर में रहा
इसने कभी बसों में धक्के नहीं खाए दूर शहरों की तरफ़ नहीं गया
अमीर कोठियों और कम तनख़्वाह की नौकरी करने
इसने न अपमान सहे और न इसे कभी घर की याद आई
कभी देवता बनने का ख़याल भी नहीं आया

जन्म के समय की आग अब भी उसके भीतर रखी हुई है
बारिश की आख़िरी बूँद सूखने से पहले
उसके भीतर जज़्ब हो जाती है
पेड़ की आख़िरी पत्ती गिरने से पहले उसके भीतर चली जाती है
सृष्टि की सबसे पुरानी जड़ों से बना उसका दिमाग़
अक्सर एक पथरीले चिन्तन में डूबा रहता है

वह उसका घर है जहाँ बच्चों के खेलने की जगह है
वह जहाँ बूढ़े लोग उम्र के कठिन दौर में धूप सेंकते हैं
जहाँ एक थका हुआ आदमी उसे तकिया बनाकर कुछ देर लेट जाता है
घर लौटती हुई औरतें अपने बोझे उतारकर कुछ देर सुस्ताती हैं
अपनी संततियों को वह
नये बन रहे घरों की नींव में रहने के लिए भेजता रहता है

उस पर जो बहुत-सी लकीरें बनी हैं
वे सभ्यताओं की ओर जाने वाले पुराने रास्ते हैं
जो अब सिकुड़ कर सँकरे और अजनबी हो गए हैं
उसके भीतर अब भी एक छोटा-सा मुलायम पत्थर है
जो दिल के आकार का है और जब-तब धड़कता रहता है।

(अन्तिम परिवर्तन-सम्पादन : 2020)

पानी का पत्थर

पानी इस पत्थर को मुलायम बना चुका है
इस हद तक कि इसे भी पानी कह सकते हैं
ग़ौर से देखिए तो यह बहता हुआ दिखाई देगा।

घर का पत्थर

यह पत्थर मनुष्यों के घर बनाता है
इसे आप बेघर मत समझिए जो यों ही लावारिस पड़ा रहता हो
बर्फ़ बारिश और धूप की मारें झेलता हुआ
इसका भी एक घर है
ठीक वहाँ जहाँ यह मनुष्यों के लिए घर बनाता है।

(अन्तिम परिवर्तन-सम्पादन : 2020)

पत्थर का पहाड़

यह बड़ा पत्थर पहले एक छोटा-सा पत्थर था
बड़े से छोटा पत्थर बनने और टुकड़ों में बँटने के उलट
यह एक दूसरे रास्ते पर चला
इसके भीतर कुछ लोग आकर बसे तो इसका आकार बढ़ा
दूर-दराज़ से आए कुछ और लोग उनके नाते-रिश्तेदार
वे इसके भीतर चहलक़दमी करते रहे
यह उन सबके लिए अपने को खोलता रहा

अब यह पूरा पहाड़ ही इस पत्थर के नाम से जाना जाता है
जब कभी कोई मनुष्य घर से बाहर जाता है
तो लोग उसे एकटक जाते हुए तब तक देखते रहते हैं
जब तक वह इस पत्थर के आख़िरी सिरे के मोड़ पर
ओझल नहीं हो जाता।

(अन्तिम परिवर्तन-सम्पादन : 2020)

भूत

यह एक ऐसा भूत है जो देवता बनते-बनते रह गया
जब भी भूत देवता बनने को होते हैं यह पिछड़ जाता है
हमेशा का फिसड्डी
जिसे कभी देवता बनने के लायक़ नहीं माना गया
जब यह मनुष्य था तब भी इसका यही हाल था
बचपन में कक्षा में इसे सबसे पीछे बिठाया जाता
कई बार फ़ेल भी हुआ
गाँव के पेड़ों से चुराकर स्कूल में सेब और नाशपाती लाता
अध्यापकों की आँख बचाकर उन्हें बेचता
और शाम को उस पैसे से घर के लिए राशन ले जाता
इसे बीड़ी-सिगरेट की लत भी लग गई
फिर एक दिन पिता ने इसका स्कूल छुड़वा दिया
इसकी मृत्यु होने की ख़बर तभी लगी जब यह भूत बन गया

अब यह यहाँ रहता है
एक चबूतरे पर पीपल और सुरू* के पेड़ों के नीचे

---

* पहाड़ी कैक्टस

वहाँ जहाँ से गाँव दिखने की शुरुआत होती है
इस भूत की बुरी आदतों को सभी जानते हैं
अक्सर जब आने-जाने वाले लोग थककर यहाँ बैठते हैं
तो इसके लिए बीड़ी-सिगरेट
और अगर उनके पास हो तो शराब की कुछ बूँदें भी छोड़ देते हैं
अगर नहीं छोड़ें तो यह तुरन्त नुक़सान कर सकता है
इसकी अनदेखी करने पर किसको क्या भुगतना पड़ा
इसके कई क़िस्से यहाँ प्रचलित हैं
हालाँकि इसकी नुक़सान पहुँचाने की जितनी भी ताक़त है
वह इधर के देवताओं के मुक़ाबले बहुत कम है।

(अन्तिम परिवर्तन-सम्पादन : 2020)

ईश्वर

ईश्वर हमेशा हमसे ऊपर रहता है
हम आसमान की ओर इशारा करते हुए कहते हैं
सब कुछ उसकी कृपा से चल रहा है
या वह सबकुछ देख रहा है
लेकिन हम जानते हैं वह हमसे नाराज़ रहता है
हम उसे ख़ुश रखने की कोशिश करते हैं
तब भी उसके क्रुद्ध रूप दिखते रहते हैं बादलों के बीच
तीखी हवा में जंगल जाने वाले रास्तों पर या रात में तारों के बीच
वह चाहता है हम बार-बार उसे धूप-दीप-नैवेद्य दें
साल में दो-चार बार बकरों की बलि दें

हम अभ्यर्थना करते हैं
ईश्वर हमें धन-धान्य दो योग्य संतति दो
बलिष्ठ बैल दो जो खेतों में देर तक हल चला सकें
हमारे घरों को मज़बूती दो जिन्हें बार-बार छवाना न पड़े
मौसमों का सुखद चक्र दो

तेज़ घाम के बाद वर्षा बर्फ़ के बाद खिली हुई धूप दो
रात में आसमान में तारों की चमकती हुई छत दो

लेकिन ईश्वर हमें देता है अक्सर अवर्षण अक्सर दुर्भिक्ष
अक्सर आँधी-तूफ़ान अकाल मृत्यु
रात के तारे जो बुझते और टूटकर आते हैं पृथ्वी पर
हम कहते रहते हैं ईश्वर
इन काले पहाड़ों को स्याही की तरह समुद्र के पात्र में घोलें
और समूची पृथ्वी के काग़ज़ पर
वाणी की देवी रात-दिन लिखने बैठे
तब भी कठिन है तुम्हारे गुणों का बखान

लेकिन ईश्वर कभी ख़ुश नहीं होता
वह अक्सर हमें शाप देने की मुद्रा में खड़ा रहता है
कई बार हम मनुष्यों की वजह से
उसे अपना सिंहासन डोलता हुआ महसूस हुआ है

वह मौक़ा खोजता रहता है कि कब कैसे अमंगल कर सके
कैसे हमारी फ़सलें बर्बाद हों
कब हम अपने घर छोड़कर जाने को विवश हो जाएँ

हम बार-बार उसे पूजते हैं
कभी-कभी लगता है वह अचानक ख़ुश हो उठा है
और मुस्कुरा रहा है
और वरदान दे रहा है
लेकिन यह कुछ ही देर के लिए होता है
महज़ एक ख़याल कि हमारे अलावा कोई और भी है
जो हमारा भला चाहता है।

(अन्तिम परिवर्तन-सम्पादन : 2018-2020)

चाची का भूत

भूतों के बीच चाची के भूत की हैसियत कुछ अलग थी
उससे सब डरते थे
वह औरतों और ख़ासकर उन बहुओं पर लगता
जिन्हें घर के कामों में चक्की की तरह पिसना पड़ता था
गाँव के सबसे सम्पन्न घर की अकेली युवा बहू चाची
उसकी पसन्दीदा शिकार थी
चाची के सर पर रोज़ काम का पहाड़ होता था
वह सुबह-शाम घर के लिए खाना पकाती
और दिन-भर खेत और जंगल के बीच खटती
और किसी जगह भूत उस पर लग जाता
फिर बाकी बुलाया जाता जो चाची को नचाता
डमरू-थाली धूप-दीप के साथ
उसकी माँगें मान ली जातीं और उससे वचन लिया जाता
कि फिर मत आना महाराज

लेकिन भूत था कि बस पहाड़ की ओट में छिप जाता था

और जैसे ही चाची पर काम का बोझ बढ़ता
वह फिर से उसकी देह को जकड़ लेता
खेतों से घर लौटते हुए चाची की आँखें चढ़ी हुई होतीं
उसे बुख़ार आ जाता वह उठने से इनकार करती
और घर के सभी सदस्यों को ऐसे देखती जैसे वे अजनबी हों
फिर से बाकी डमरू-थाली-धूप-चावल के साथ भूत को नचाता
बैठी हुई चाची का बदन देर तक ऐंठता रहता साँप की तरह
भूत धमकी देता मैं दैत्य हूँ दैत्य नाम है मेरा कुचील
मैला-कुचैला मैं चट कर जाऊँगा तुम्हें और तुम्हारे ढोर-डंगर
चाची का भूत खरी-खरी सुनाता वह सब
जिसे चाची कभी कह नहीं सकती थी भूत के बस में हुए बग़ैर

इसके बाद चाची पड़ी रहती दर्द और ऐंठन दूर करती हुई
कुछ ही दिन बाद फिर से शुरू हो जाती उसकी बेगार
घर खेत जंगल
चाची की कहानी सुननेवाला कोई नहीं था

सास-ससुर–पति-ननद कोई नहीं
जब भी वह ज़्यादा काम की शिकायत करती
इसे बहुओं की आम बहानेबाजी समझा जाता
गाँव की दूसरी बहुएँ ही थीं उसकी हमदर्द लेकिन उतनी ही लाचार
और फिर वही भूत कहीं पर चाची से चिपट जाता।
पहले से ज़्यादा विकराल उतरने से करता इनकार

एक दिन खेतों से लौटते हुए चाची जब थकान से चूर थी
उसने ललकार कर इकट्ठा किये गाँव के लोग
और बिना शर्म के बिना ओझा डमरू थाली के
नाचना शुरू किया एक बीहड़ नाच
चीख़ कर उसने कहा आज उतारती हूँ अपना भूत
और एक-एक कर गिनाने लगी घर के लोगों के अन्याय
कहा उसने वह सब जो कहता था उसका भूत

एक सम्पन्न घर की बहू की बग़ावत जंगल की आग की तरह फैल गई

लोगों ने पहली बार देखा बिना भूत के चाची का विकराल रूप
लेकिन इसके बाद फिर लौटा नहीं वह भूत
घर के लोग चाची से घबराने लगे
उसके काम का बोझ बहुत कम कर दिया गया
उन्हें चाची के भूत के लौटने का डर था।

(अन्तिम परिवर्तन-सम्पादन : 2020)

कायर स्त्रियों से मुझे चिढ़ है

एक कापुरुष का साथ लिये
वो घिसटतीं रहीं चकरघिन्नी जैसी
दर्द से छाती पीटतीं
दूसरों को सलाह देती रहीं असल सुख तो दर्द में ही है

ऐसी कायर स्त्रियों से मुझे चिढ़ है
अन्दर कंकाल बन दहकती हैं
फिर-फिर वही कायराना हँसी
हूक में जीतीं ये
न जाने किस संस्कार के खोल में पड़ी रहती हैं

ये कापुरुष को न नहीं कहतीं उनके अहम को दिनोंदिन सहलाती हैं
इन कायर स्त्रियों से मुझे चिढ़ है

मुझे किसी के वरदान की ज़रूरत नहीं
हर युग में पुरुष करता रहा मन की बात

एक स्त्री के मन की बात इतनी अखरती क्यों है
मुझे नहीं चाहिए वो पेज
जिस पर कला को भरसक लपेटकर सब सुन्दर दिखाया जाता है
किसी के लिए श्मशान भूमि फायदे के लिए हो सकती है
मेरे लिए नहीं
मुझे वहाँ असंख्य माँएँ लेटी हुई नज़र आती हैं
जिनकी जीभ कट गई है योनि फटी है
फिर भी वो मुझे रीढ़ वाली नज़र आती हैं

पर मुझे उस कायर स्त्री से चिढ़ है
जो कहती है मुझे प्यार के बदले प्यार चाहिए ही नहीं
मुझे कायर स्त्रियों से चिढ़ है
हाँ क्रूर समय में रस-भरी कविता मैं नहीं लिख सकता
तुम देखो रस, छंद, अलंकारों में स्त्री का चेहरा
मुझे उसका चेहरा बताता है वो हार मान चुकी है
कायर है वो और उस स्त्री से मुझे उतनी ही चिढ़ है जितनी कि कापुरुष से

और हाँ यदि किसी को यहाँ फाँसी हो तो उस 'क़िस्मत' को हो
जो स्त्री और पुरुष की क़िस्मत अलग-अलग गढ़ती है।

(अन्तिम परिवर्तन-सम्पादन : 2020)

प्रेमियो!

ओ प्रेमियो, तुम्हारी प्रेमिका हर रोज़
तुम्हारे रंग की साड़ी में बँधी रसोई में खड़ी क्यों दिखती है
क्यों तुम्हारा प्यार पकवान बनाती उसकी उँगलियों पर आ ठिठकता है!
तुम क्यों देह के उस पोर से प्रेम करते हो जिसमें तुम्हें प्रेमानन्द मिले
कहो तुम प्रेमिका की फ़ैंटेसी लिखते-लिखते थककर सो गए रूप में
क्यों नहीं बना पाते?
तुम्हें रसोई में सिर झुकाई और मेज़ पर सिर टिकाई लड़की में फ़र्क़
क्यों नहीं सूझता!
तुम्हारी फ़ैंटेसी में प्रेमिका रोज़ आरती गाती नज़र आती है
क्यों तुम्हारा आदर्श प्रेमिका के कंधे पर सवार होकर आता है
तुम हर बार अव्वल आ जाते हो
तुम्हारे बेडरूम में प्रेमिका का इनकार तुम्हें अपना अपमान लगता है
सुनो प्रेमियो, स्त्री का प्रेम मन जीतने से शुरू होता है
देह में थोपी सभ्यता वो नहीं चाहती
वो थोड़ा सकुचाकर शुरू करती है प्रेम
विश्वास पक्का चाहती है और मग्न हो जाती है प्रेम में

जिसे तुम निर्लज्जता कहते हो
कहो तुम्हारे जीवन से दूर तुम्हारी फ़ैंटेसी तक में नहीं अँट पाती प्रेमिका
और तुम प्रेमी बने फिरते हो!
ओ प्रेमियो तुम्हें अब अपने प्रेम-पद से त्यागपत्र दे देना चाहिए।

(अन्तिम परिवर्तन-सम्पादन : 2020)

असम्भव समुद्र

वहाँ एक नाव थी
मुझे ले जाने के लिए तैयार
एक दृश्य था
मेरी तरफ़ आता हुआ

हर जगह से
एक लपट निकल रही थी
वहाँ पलकें झुकाकर
मैंने सोचा
चुम्बनों और मृत्यु के बारे में

चीज़ें किसी चीज़ का संकेत नहीं हैं
वे सिर्फ़ सिहरनें हैं
हमारी देहों की
वे सिर्फ़ दूरियाँ हैं
विदा में काँपते हाथों की

वहाँ मैंने चेहरे देखे
अतल में जाते हुए
उठते हुए बादलों की तरह
उस कठोर तट पर झुके हुए

ख़ूशबू और नमक
और अन्धकार में जीवित विस्तार
तुम लौट आते थे
हर बार एक ज्वार के साथ।

(1976-80)

शीर्षकहीन : एक

कोई और पेड़ है
जिसकी हवा है अँधेरा है
कोई और पेड़ है
जिसकी टहनियाँ स्पर्श करती हैं
कोई और पेड़ है
जो अपनी परछाईं पर
रात-भर सिहरता है

हवा और अँधेरे का पेड़
स्पर्श सिहरन और परछाईं का पेड़।

(1976)

शीर्षकहीन : दो

पेड़ में हैं रात की जड़ें
पेड़ में हैं रात के पत्ते
देह में है रात की देह
देह में है रात की साँस।

शीर्षकहीन : तीन

हम पेड़ों के भीतर गए
हम पत्थरों के भीतर गए
हम इस पानी के भीतर गए
हम आग के भीतर गए
हम रोशनी के भीतर गए
हम सन्नाटे की देह के भीतर गए
अब हम लौटते हैं
सिर्फ़ एक कहानी में।

शीर्षकहीन : चार

घर धूल का घर है
धूल की नींव पर टिका हुआ
धूल की चार दीवारें और छतें
जिनके बीच पत्थर धूल के कणों से बने हैं

हम रोज़ झाड़ते हैं फ़र्श, बिस्तर, कुर्सियाँ
कपड़े, आँगन, चिट्ठियाँ, बर्तन
धूल उड़ती है
बाहर पेड़ों के पत्तों पर बैठ जाती है
या जंगल की तरफ़ चली जाती है

जितनी धूल उड़ती है
उतनी ही आकर फिर बैठती है आसपास
इस तरह बना है यह घर।

शीर्षकहीन : पाँच

चतुर्दिक व्याप्त भ्रष्टाचार में
मुखौटों और भोंपुओं की जयकार
जिनके भीतर है भीषण जीभों और दाँतों की भरमार
जिनके लिए एक प्राचीन सभ्यता का मतलब है
भाले त्रिशूल और तलवार
जो मचाते उपद्रव लगाते आग अफ़वाहें जिनका हथियार
उसकी जय जो कहता कुछ करता कुछ और
जो ढहाता कुचलता दौड़ाता विजय-रथ हर ओर
जय उसकी जो उगलता ही जाता आग
और उसकी भी जो झूठ को बतलाता सच
वह जो कहता चुपके से उजाड़ो यह घर
और वह जो उजाड़ता डंके की चोट पर निडर
जय उसकी जो हरदम करता किसी शत्रु की खोज
और एक शत्रु को दिखलाता हर रोज़
जय हो छल की कायर झूठ कुटिल हँसी की जय

जय विध्वंस जय धौंस जय घृणित स्वर
जय विष, जय विद्वेष, जय विस्फोट, जय धूल
जय उसकी जो रोटी के एवज़ में देता बम
जय उसकी जिसने मानवता को दिया निष्कासन
जय भाषा जिसमें नहीं रहा कुछ अर्थ
जय उसकी जिसने जय है जय है किया।

(सम्भावित रचनाकाल . 1990-1995)

शीर्षकहीन : छह

अब ज़्यादातर ऐसी जगहों में मुलाक़ात होती है
जहाँ कोई जा रहा होता है ज़्यादातर असमय
मृतक के चारों ओर आग जलाई जा रही होती है
या एक गड्ढा खोदा जा रहा होता है

लोग आते हैं हड़बड़ाते हुए और कहते हैं
थोड़ी देर हो गई है
उम्मीद नहीं थी कि समय पर पहुँच पाएँगे
रास्ते में बहुत भीड़ है
लोग लगातार कुछ ख़रीदने कुछ खाने में जुटे हैं
पता नहीं था दुनिया इतनी अजनबी हो जाएगी

कुछ तब आते हैं जब आग बुझ गई होती है
गड्ढा भर दिया गया होता है
कभी-कभी मृतक के पास पहुँचने में कई दिन लग जाते हैं
कभी महीने या साल

आख़िरी सलाम भी मन में ही कहना पड़ता है

यह समय ही ऐसा है
सारी ख़बरें बाज़ार से होकर गुज़रती हैं
और बाज़ार हमेशा हादसों को छिपाने की कोशिश करता है
वह चीज़ों को ढाँप देता है चमकीली पन्नियों से
दूकानों में सजे हुए दुखों से

कौन कहाँ किस हाल में रह रहा है
कौन कहाँ चला गया है कुछ पता नहीं चलता
हम याद करते हैं ग़रीबी और निर्भयता के दिनों को
और क़रीने से एक जगह रख देते हैं
जिसे हमने आत्मा का संग्रहालय बनाने की कोशिश की है।

(अन्तिम परिवर्तन-सम्पादन : 2020)

शीर्षकहीन : सात

एक दिन मैं तुम्हें
चूमूँगा और चल दूँगा
अपने रास्ते पर
तुम्हारी तेईस साल की
ख़ामोशी लेकर
मैं लौट जाऊँगा उस स्वप्न में
जहाँ से मैं आया था

वह स्वप्न तुम्हारी आँखों में
दिखेगा एक दिन
शान्त और ज़िन्दगी से मुक्त।

(1990-95)

घर के बारे में दो कविताएँ

एक

पिछले साल हमारी एक-एक चीज़
इस नदी में गिर गई थी
(उनका कहा हुआ सच निकला
कि एक दिन सब ख़त्म हो जाएगा)
देखी हुई चीज़ों को देखते पिछले साल
हम उठकर गए थे अधखाया भोजन छोड़कर

फिर भी हम यहाँ आते हैं
जैसे हाथ में एक मरी हुई चिड़िया दबाये
हम आते हैं इस गुफा में सहमते हुए प्रार्थना करते हुए
मन के कितने ही रथ अपनी ओर मोड़ते हुए
रास्ते में ही शाम हो जाने की कामना करते हुए
मिट्टी हो चुकी हड्डियों के ढेर में
अब भी बार-बार एक गुर्राहट सुनते हुए

कौन-सी याद हमारे सबसे क़रीब है
फ़र्श पर जहाँ से दीवारें शुरू होती हैं
एक शर्रीर जैसी आहट है अब भी
एक शरीर जैसा अकेलापन है
एक शर्रीर जैसा अन्धकार है
भूख है काली छतों से भाप की तरह उठती हुई
चट्टानें सब जगह एक-सी हैं
उन पर चलते हुए बहता है एक-सा रक्त
पैरों में एक-सी पीड़ा एक-सी चीख़
बूढ़े जंगलों पर टिकी हुई एक-सी धुंध
बर्फ़ की तरह ख़ामोश एक-से वर्ष
घाटी से बाहर आते हुए

हमारी पीड़ाओं के समूह मात्र हैं—
हम अपनी ही छायाएँ हैं सूर्यास्त की
पेशाब औऱ जूठन से भरी हुई जगहों में

जब रात गिर रही होती है
हमारे नाराज़ बाप पहाड़ों से उतरते हैं
हाथों में मशाल लिये हुए
अपने झुलसे कंधों पर उन्होंने हमारे लिए
मकान उठाए हैं जहाँ हम कभी नहीं गए
देखो, उनके आँगन हिल रहे हैं
उनके चारों ओर हवा सोखते हुए पेड़
हमें देखने के लिए उठ रहे हैं
देखो चट्टानों पर हवा घूम रही है देर से
माँ पिता बहन कहाँ हो तुम सब
कहाँ हैं हमारे अस्त्र
कहाँ हैं तुम्हारे सारे रोग और शोक

इतने वर्ष इतना कोहरा लाँघकर
जैसे हम तुम्हारे क़रीब पहुँचते हैं क़र्ज़ उतारने
चोरों की तरह इस शहर में घुसते हुए

जैसे हम पहुँचते हैं बचपन के स्याह पानी के पास
लाशों की तरह ऊपर आते दिनों के पास
हमें कुछ भी ठीक से याद नहीं है
न हमारा अतीत न हमारे रुदन
न विस्तृत रेत जहाँ हमने तुम्हारे कंकाल देखे थे
अन्धकार में घर लड़खड़ाता है
स्त्रियाँ रोती हैं बच्चे बड़े होते हैं
सुबह उनकी छायाएँ पड़ती हैं सड़क पर

दो

वह जो हाथ बाँधे सामने खड़ा है घर है

काले काठ के खम्भों पर साँप बने हैं
उन पर सिर और पीठ टेकने के निशान हैं
जहाँ दीमकें लगी हैं

जो जब चलती हैं पूरा घर काँपता है

इसमें काठ का एक सन्दूक़ है
उसके भीतर चीथड़ों और स्वप्नों का
एक मिला-जुला अँधेरा है जिसे पिता ने दादा से
पाया था और दादा ने ख़ुद कमाकर
जब घर टूटेगा बक्सा तभी उठेगा

जहाँ किसी पहर कोई मौत हो सकती है
छज्जे से कोई बच्चा गिर सकता है
पैने पत्थरों के आँगन में

पिता एक दिन घर को ताला लगाएँगे
और चल देंगे जंगलों की ओर
माँ की साँस निकल जाएगी एक दिन
लकड़ी ढोते हुए

बहनें एक दिन जा चुकी होंगी
ससुराल रो-पीटकर

एक दिन कुछ लोग कहीं से आएँगे
और घर में बस जाएँगे।

(यह कविता 1973 में *आलोचना* के जुलाई-सितंबर अंक में प्रकाशित हुई थी। इसे वे सम्भवत: किसी संग्रह में शामिल करने की सोच रहे थे इसलिए 'घर के बारे में दो कविताएँ' की जगह उन्होंने इसका नाम सम्पादित करके 'घर' किया था। लेकिन किसी भी संग्रह में इसे जगह नहीं मिली। पत्रिका में प्रकाशन के बाद, इस कविता में उन्होंने स्वयं ही एक या दो संशोधन किए, मसलन, 'साँझ' की जगह 'शाम' और 'परछाइयों' की जगह 'छायाएँ'। —सम्पादक)

पिता के लिए एक कविता

मैं नहीं जानता
कब यह रेगिस्तान
तुम्हारी आँखों से छूटकर
मेरे बिस्तर तक फैल गया है
एक अन्तिम ऋतु के सिलसिले में
तुम सहसा मौसमों और रोटियों की
तेज़ भगदड़ से बाहर फेंक दिये गए हो
बची हुई महज़ एक बुश्शर्ट के साथ

चमकाते हुए
तुम समस्याओं के चश्मे पोंछ रहे हो
अपनी सारी अन्धता के आगे
अतीत को क़ानून बनाकर
लागू करते हुए घर में
एक की भूख और दूसरे के भविष्य तक
पिता तुम्हारा ग़ुस्सा टहल रहा है

और कहीं कुछ नहीं बज रहा है
पड़ोसी औरत की चूड़ियों के अलावा
अपनी बेरंग आकांक्षाओं के ख़िलाफ़ तुम
अपने स्वाद का शरीर टटोल रहे हो
तब और अब की दूरी में
इतिहास एक लँगड़ी भाषा है
जिसे तुम बार-बार बोल रहे हो

तुम्हारी झुर्रियों में गुम
हो गया है हर रास्ता
बंजर शरीरों से होकर गुज़रता हुआ
समूचा दिन तमाम जगहों पर
गर्द की तरह पड़ गया है

शोर और सिसकियों के बीच
लोग लिपटकर सो गए हैं

बाहर सिर्फ़
पत्ते हिल रहे हैं—जंगल झड़ रहे हैं
गुणगान से लथपथ

बीते हुए वर्षों की जनगणना में
ख़ुद को तलाशते हुए
पिता तुम देख रहे हो
बेरिश्ता चीज़ों की चापलूस नैतिकता में
भागते-हड़बड़ाते लोग
प्रकट या ग़ायब हो गए हैं
और तुम्हारे पास सिर्फ़ नींद है
अकेले लालच की तरह बची हुई
ज़िम्मेदारियों के कटघरे में
खुलता हुआ दरवाज़ा
तुम्हारे लिए आसमान है
जहाँ वसंत एक ख़ुशख़बरी होकर

चिपक गया है
और तुम्हारी ज़रूरतों को लगातार
चकमा दे रहा है
सारे के सारे दृश्य अचानक
बाढ़ में बदल गए हैं
जहाँ धीरे-धीरे तुम्हारा स्वार्थ डूब गया है
और महज़ लाचारी है
तुम्हारी नाक में गुर्राती हुई

एक मुश्किल की तरह
दूर हो गया है
वह चेहरा पिता
जो षड्यंत्र होकर हर जगह शामिल था
इस महान और शर्मिंदा माहौल में
हड्डियों का दर्द दबोचता हुआ
दफ़्तर और दाँतों के बीच

मैं ग़ायब हो रहा हूँ
और एक वायुमंडल
अगली तरक़्क़ी की सूचना बनकर
मेरी पसलियों में घुस रहा है
पेट और प्रतीक्षा में
एकाएक सब-कुछ जम गया है
उन आहटों के अलावा
जो अपराध की हैं
मेरी दिशाएँ हर बार
उन दीवारों से शुरू होती हैं
जहाँ तुम हस्तक्षेप कर रहे हो
रोज़-रोज़ घिसी हुई घटनाओं के पीछे
ग़लतफ़हमी की तरह
तुम्हारे शब्द लपलपा रहे हैं
तुम्हारे एकान्त के साथ
समय के मुँह पर कहीं नहीं पड़ रहे हैं

अपनी अकेली बुशर्ट के साथ
तुम रह गए हो
पिता
हलचलहीन
एक अन्तिम ऋतु तुम्हारी
हथेलियों से उतर रही है
और यह रेगिस्तान
मेरे बिस्तर तक।

(*आलोचना,* अंक अक्तूबर-दिसम्बर 1969 में प्रकाशित।)

पूर्वज

अब जबकि जीवितों से कोई उम्मीद नहीं रह गई है
मैं मृतकों की तरफ़ देखता हूँ
देखता हूँ वे यहीं कहीं हैं
हाँ पूर्वज
हमारे पूर्वज कहीं नहीं जाते
वे आसपास ही रहते हैं
माँ कहती थी वही तो हैं जो इस गाँव की रक्षा करते हैं
वे आसमान में घूमते रहते हैं कभी प्रकाश की तरह
कभी बादलों या तारों की तरह या चिड़ियों की तरह
माँ भी यहीं कहीं दिखती है पिता की बग़ल में
कभी-कभी मैं पुकारता हूँ माँ तुम ऐसे ही रहना।

प्रेम की कविता

(गो कि कवि को भी यह पता नहीं कि यह क्या है!)

प्रेम का कोई दूसरा पक्ष नहीं होता। दूसरी तरफ़ सिर्फ़ एक ख़ला होती है। एक शून्य और एक अनस्तित्व या सिर्फ़ एक हाथ जिसे छूने के लिए कोई दूसरा हाथ नहीं होता। प्रेम एक निर्वात के शाश्वत में बोला गया प्रतिध्वनि-रहित एक अन्तहीन वाक्य है जिसमें कभी-कभी जब अर्ध-विराम आते हैं या ख़ामोशियाँ और दरारें दिखती हैं जिनके बाहर पिघलती हुई बर्फ़ या पेड़ों से गिरे हुए पत्ते दूर जाता हुआ चन्द्रमा या अपने को समेटता हुआ सूरज दिख जाता है तभी पता चलता है कि यह प्रेम है। संसार में सभी प्रेम इसीलिए त्रासदी साबित हुए कि उन्हें उस निर्वात के बाहर जाकर कह दिया गया। इसीलिए मैं जिससे प्रेम करता था उससे मैंने कहा कि अगर मैं तुमसे प्रेम करता हूँ तो मैं यह नहीं चाहूँगा कि तुम मुझसे और ख़ुद से यह कहो जैसे मैं ख़ुद से नहीं कहना चाहूँगा कि तुम मुझसे प्रेम करते हो क्योंकि अगर हमने एक साथ यह कहा तो एक साथ कई चीज़ों का अन्त हो जाएगा। यह हमारे बीच बड़ा समझौता था जो प्रेम की अतल और अथाह गहराइयाँ

और ऊँचाइयाँ लिये हुए था और यही एक उपाय था हम दोनों के और उस प्रेम के भी बचे रहने का जिसे कहने के लिए एक निर्वात ज़रूरी होता था।

विवशता के क्षितिज में

अब के वर्ष की सिकुड़ी हुई बरसात
पहाड़ों पर तने हुए लावे की गोद में
चुन-चुनकर सँजो दी गई है
और, हम-तुम
यूँ ही एक सालती हुई सड़ाँध में
अपने खेत उगाते रहे हैं!
अब के वर्ष का ठिठुरता आकाश भी
सावन की चक्षुहीन कोठरी में
भिंचकर क़ैद है
और, हम-तुम
यूँ ही एक गुमनाम हवा में
अपने बदरंग आँचल लहराते रहे हैं
अब के वर्ष...!

(1966, युगवाणी, देहरादून)

एक मिथ्या गोद और अन्धकार

धूप की काँपती सलाखें
इस शहर को उधेड़ती हैं
कुछ आत्म-प्रवंचित
क्षणों की ओट में!
भाषा के पैने, बन्द आकाश में
शब्दों के डैने कँपकँपाते हैं
और इतिहास लुढ़क पड़ता है
शहर की मिथ्या नग्नता पर
आवाज़ ही : अनागत इतिहास पर
जा चिपकती है
और एक मर्मांतक पीड़ा से
शहर में एक नयी गोद जन्म लेती है
इतिहास अपने को लुढ़काने के लिए!
और फिर—
काँटों पर टँगा हुआ अन्धकार
एक नकली ख़ामोशी पहन

धाराओं में बँटकर
सारे शहर पर फड़फड़ा जाता है!

(1966, युगवाणी, देहरादून)

हिटलर के बारे में

बहुत सारी जानकारियाँ प्रकाश में आ चुकी हैं। लेकिन तमाम इतिहासकार, समाजशास्त्री, मनोशास्त्री और व्यवहारविद उसे पूरी तरह नहीं समझ पाए हैं और लगातार कुछ न कुछ नया सामने लाते रहते हैं। ऐसा इसलिए भी है कि बड़े या छोटे हिटलरों का पैदा होना भी बन्द नहीं हुआ है। वे जगह-जगह चुनाव जीतकर या बग़ैर चुनाव के भी उभरते रहते हैं। यह तो सभी जानते हैं कि हिटलर अपनी पोशाक बेहद चुस्त-दुरुस्त रखता था और बहुत कम सोता था। हाईस्कूल की कक्षा से उसे निकाल दिया गया था और कुछ समय तक उसने कलाकृतियों वाले पोस्टकार्ड भी बेचे। यह भी सब जानते हैं कि उसने किस तरह यहूदियों और ग़ैर-आर्यों का जनसंहार करवाया। लेकिन ख़ास बात यह है कि इतने रक्तपात और यातनाओं को अंजाम देनेवाले इस आदमी को दाढ़ी बनाने की ब्लेड से बहुत डर लगता था और जब वह बाल बनवाता तो कपड़ों के नीचे काँपता रहता।

हैरत की बात यह है कि इतिहास का इतना बड़ा आदमख़ोर मांसाहारी नहीं, पूर्णत: शाकाहारी था और उसके भीतर कूट-कूट कर कड़वाहट

और नफ़रत भरी हुई थी, लेकिन उसे मिष्ठान्न बहुत प्रिय था, रोज़ क़रीब डेढ़ किलो चॉकलेट खा जाता था। और अपनी शराब तक में चीनी मिलाता था। इतना ही अजीबोगरीब उसका यौन-जीवन भी था। उसने कभी दूसरों के सामने कपड़े नहीं उतारे और यह बात तब भी सच थी जब वह बिस्तर पर अपनी प्रेमिका ईवा ब्राउन के साथ होता था या अपनी ही भतीजी गेली रौशेल्ल के साथ जिसने बाद में ख़ुद को गोली मार दी थी। सच तो यह है कि उसका एक ही अंडकोष था और उसका लिंग भी बहुत छोटा और बेडौल-विरूप था। और वह अक्सर बैल के वीर्य के इंजेक्शन लिया करता था। उसे खेतों में काम करती किसान औरतों के उठे हुए स्कर्ट बहुत पसन्द थे और वह ईवा ब्राउन को भी स्कर्ट उठाये हुए आने के लिए कहता था। यही नहीं, वह चाहता था कि कोई उसे पीछे से लात मार कर उत्तेजित करे, उस पर शौच और पेशाब कर दे। और इस काम के लिए उसने कुछ कलाकारों को भी रख छोड़ा था। सन् 1938 में मशहूर टाइम पत्रिका ने उसे 'मैन ऑफ़ द इयर' बनाया और अगले साल 1939 में उसका नाम नोबेल पुरस्कार के लिए भी भेजा गया।

आईटीओ पुल

आईटीओ पुल जब जब टूटा कोई हताहत नहीं हुआ। किसी का हाथ-पैर नहीं दबा मलबे के नीचे। कोई कराह नहीं निकली। किसी ने चौंककर नहीं कहा यह क्या हो गया। लोगों ने सिर्फ़ इतना कहा अगर यह अच्छा नहीं हुआ तो बुरा भी नहीं हुआ।

आईटीओ पुल लोगों के लिए परेशानी का ही सबब था। उस पर चढ़ने के लिए सीढ़ियाँ बनी थीं। वह तारों के सहारे टिका था। लोग हाँफते हुए पहुँचते थे पुल पर। पुल के नीचे नालियों की तरह बहती थीं सड़कें।

शीर्षकहीन : आठ

यहाँ पर आकर साफ़ दिखाई देती है ज़मीन। और वनस्पतियाँ, जिनकी पत्तियों में बरसों से ख़ून सोया हुआ है। यहाँ आकर साफ़ दिखाई देते हैं कसाइयों से बात करते कवि। सड़े चूहों की तरह फैली उनकी कविताएँ। यहाँ से साफ़ दिखती है गोल इमारत।

शीर्षकहीन : नौ

यह एक रोटी है
ज़मीन का टुकड़ा है
जिसे हम छीनकर लाए हैं
और जिस पर बन्दूक़ से कविता लिखी गई है

मैं तुम्हें सौंपता हूँ
संगीन की तरह
यह कविता।

दो पत्थरों के बीच

हिलते हुए दो पत्थरों के बीच
एक कायर चेहरा थरथराता है कुछ देर
फिर जब अचानक रात होने लगती है
और दिन-भर देखी गईं औरतें
एक अज्ञात फंदे की तरह हाँफते हुए लपेट लेती हैं मुझे
मैं सुनता हूँ रगों में नीली ज्वालाओं को
पिघलते अपने मांस की चीत्कार
धुँधली और डरी हुई देहों की एक काली कौंध
मुझमें उतरती है काँपती हुई
सफ़ेद चट्टानों में दहाड़ते असंख्य जानवर
रेंगते हुए
रक्त और रोशनी की रेखाओं से पार चले जाते हैं
चूर-चूर आवाज़ें एक दहकते ताबूत में बन्द और विस्मित
मैं लाँघता रहता हूँ यह ठिगना अन्धकार
मेरा शरीर लोहे-सा सख़्त और काला हो गया है
और मैं लगातार ऊपर उठता जा रहा हूँ

जहाँ मुझे दिखाई देता है मेरा उँगली भर जन्म
मेरी सूखी हड्डियाँ हिलाता हुआ
और दूर से झिलमिलाता मेरा घर
जंगलों में विलीन होता हुआ
संसार मेरे सर पर आसमान की तरह तना है
और हवा में लटके हुए शहर की
परछाईं के साथ मैं वापस आता हूँ
जहाँ मेरी ढलती हुई उम्र और मूर्खताएँ हैं
कुछ विस्मृत सिसकियाँ हैं
और मेरे पिता हैं मेरी चिट्‌ठी की
प्रतीक्षा करते हुए बरसों से
पहले घमंड और ख़ूशबू से लदी हुई रंगीन
स्त्रियाँ आती हैं उछलती हुईं
फिर बिलबिलाते बच्चे जो अब जन्म लेंगे
और धूप को चबा-चबाकर थूकते वृद्ध
जो कि चुप हैं

मलबे की तरह हर कहीं से निकलते हुए लोग
उजड़ते घरों और घाटियों को लाँघते हुए
लोग औरतों में उतरते हुए
इस चक्कर खाती सृष्टि की रात में।

(अधूरी, रचनाकाल : 1980-85)

शीर्षकहीन : दस

बहुत से घर बदलने के बाद
आख़िर मैं आया एक शान्त घर में
एक जगह मैंने किताबें सजाईं
बचा-खुचा संगीत जो संगीत था उसे रखा
एक कोने से पूरे घर में जिसकी गूँज सुनाई दे
तस्वीरें टाँगी प्रियजनों की
ताकि मैं उनको भूल ना जाऊँ।

शीर्षकहीन : ग्यारह

एक विराट ख़ालीपन को
अपना दर्द कहता हुआ चकित
मैं ढूँढ़ने लगा कविता का कोई नया विषय।

शीर्षकहीन : बारह

बच्चे सो रहे थे चुपचाप
एक छोटी-सी खिड़की थी
जिस पर नन्हे हाथ दिखाई देते थे।

शीर्षकहीन : तेरह

औंधी पड़ी किसी चीज़ को चुपचाप सीधा करने पर जो दिखता था वही सच था। इतना ही साधारण। इतना ही आसान। मैंने देखा मेरा चेहरा था साबुत संकोच से अब भी लाल होता हुआ। उँगलियों के आख़िरी बारीक हिस्से तक बहता था रक्त। उसकी आवाज़ कभी सुन पड़ती थी पैर में सर में। मेरी दो आँखें भी अँधेरे में चमक-चमक कर कुछ रक्त खोजती हुईं। इतना ही सुगम था सच मुझे उसे पहचानने के लिए एक क़दम अँधेरे में चलना पड़ता था। मुझमें थोड़ी स्मृति थी थोड़ा असंतोष। ख़ुशी थी एक लड़की जो कभी-कभी मेरे सामने आकर बैठती थी अतीत में ले जाती हुई। चालीस की उम्र में भी मेरे भीतर एक दर्द था जिसे मैं दूर से ही पहचान लेता था।

प्रेम (दो प्रारूप)

(एक)

जिससे मुझे प्रेम था
उससे चाहता था यही कि वह इसे अभिव्यक्त करे
देह से अंगों से रोंओं से शब्दों से वाक्यों से भाषा से
वह पुकारे वह फैलाये प्रेम को दूर-दूर तक
पूरी दुनिया में फैले उसके प्रेम की आवाज़
पूरी दुनिया की आवाज़ हो उसका प्रेम
उसका चुम्बन हो पूरी दुनिया का चुम्बन

(दो)

वह ख़ुश थी
ख़ुश था वह
वह तीसरा भी ख़ुश था
तीसरा-तीसरा वह कौन था?

(1 जून, 2002)

हमारी हिन्दी

हमारी हिन्दी

हिन्दी में मृत्यु के बाद भी
याद नहीं रहता जन्मदिन।

कुछ और शीर्षकहीन कविताएँ

1

जब पूरा बाहर तुम्हारे भीतर आ जाए
चराचर एक अस्तित्व भी
तुम्हारे अस्तित्व में
और एक कविता प्रकाश जो इतना दूर है
फिर भी वह तुम्हारे भीतर ही है।

दो आँखें दो हाथ एक होंठ तुम्हारे भीतर
बहुत दूर तक तुम हो
तुम दूर हो और वह दूरी तुम्हारे भीतर है।

(2004)

2

जो समय बीता अँधेरे में
वह बीता नहीं वह समय नहीं था
जब रोशनी आई तो समय शुरू हुआ
गो बहुत-सा समय बीता अँधेरे में

मुझे पता नहीं चला अन्त तक
इस दुनिया में मेरा क्या काम था
और मुझे क्यों भेजा गया इसी जगह
सुखी थे वे लोग जो जानते थे
अपने होने का मतलब उसका मक़सद
वे सुखी सन्तुष्ट जाते रहे इस दुनिया से

मसलन मेरी माँ जो अन्त में दर्द से तड़पती रही
उसे पहले पता नहीं चला कि अन्त में ऐसा होगा
जीवन-भर वह रही ख़ुश कौन जानता है क्यों।

(28-05-2004)

3

इस दुनिया में आकर करता रहा मैं हाय-हाय
इस तरह कि दूसरा कोई इस भेद को जान न पाय
और एक रोज़ जब मैं ज़ार-ज़ार रोया किसी चौराहे पर
देखे आते-जाते लोग
जाते हैं मुँह फेरकर जा रहे थे महज़ मुस्कराकर
फिर ग़ुस्से में देर रात तक मैं जमकर पीता रहा शराब
कायनात यह पूरी मुझे गेंद सरीखी दिखी जनाब
मेरे भीतर जो कुछ था वह सब निकल गया बाहर
कुछ ख़ालीपन कुछ बेचैनी कड़वा पानी और ज़हर
तभी मरी हुई माँ आई याद बहुत
बोली तो रोता क्यों अपनी खोई चीज़ों को खोज।

(2004-05)

4

सपने में कहा किसी ने
मेरी बाँहें हैं
मेरे भीतर है एक झोंपड़ी
तुम्हारा बिस्तर तुम्हारा गाँव
मैंने सोचा मेरे पास लौट आएँगे
मेरे सारे स्पंदन
एक संगीत एक लहर
एक पुरानी गंध एक सिहरन
फिर मैं चला गया अपने घर
खोले उसके बन्द किवाड़
दीवारों पर उगती थी घास
छत से दिखता था चाँद
सोचा मैंने अरे कोई चला जाये मेरी नौकरी पर
जो मुझसे कहे तुम बैठो सपने देखो
और लिखो कविता मुझ पर।

(2005)

5

इतनी अच्छाई इतनी मासूमियत के साथ इतने असंसार के साथ कोई संसार में कैसे रह सकता है जैसे तुम रहती हो। लेकिन ऐसे इनसान मुश्किल से रहते हैं।

6

मैं तुमसे निपट एकान्त में ही मिल सकता हूँ, जहाँ कोई न हो, कोई मनुष्य। कोई प्राणी। कोई आहट कोई साँस। कोई उपस्थिति न हो। एक निर्जन। इतने वर्षों के निर्जन के साथ ही तुमसे मैं मिल सकता हूँ। जहाँ कोई भटका ना हो। दरवाज़े पर कोई दस्तक न हो, जहाँ सब सहमत हों प्रेम की महान भावना और उस भावना की चरितार्थता पर। और वे सब लोग वहाँ न हों। घनघोर निर्जन हो जहाँ तुम हो तुम हो तुम हो तुम और तुम्हारे ज़रिये हर कोई हो।

7

तुमसे मिलते हुए मुझे लगा तुम हवा हो तुम पानी हो तुम आकाश हो तुम वायवीय हो। क्या ऐसी चीज़ें चुम्बनों-आलिंगनों में समा सकती हैं—चुम्बन-आलिंगन तो शारीरिक भौतिक सांस्कारिक चीज़ें हैं।

8

हम सड़क पर आते हैं
हाथ बाँधकर दोस्तों से बात करते हैं
हमारी आस्था है इस तरह बातचीत करने में
अन्त में हम कहते हैं कितना भयानक है यह सब
इस तरह शाम होने पर हम थक जाते हैं
सोचते हैं बिना लड़े ख़त्म हो रही है
लड़ने की ताक़त
आत्मा के दरवाज़े से हम देखते हैं।

(2003-04)

9

अफ़वाहों के पीछे उड़ता हुआ देश अचानक
एक सामयिक पोस्टर होकर
हवा में हिल रहा है
तब वे क्या टटोल रहे हैं-
शब्दों के पीछे का सुनसान?
अपना गिरा हुआ खेत और मकान?

10

सिर्फ़ एक थरथराती नस
बाहर निकल रही है
हर अगली दुर्घटना को जोड़ती हुई
निरन्तर रात फैल रही है।

11

रात-भर छाती में फड़फड़ाती आवाज़
वह सुनता है दूर तक सामूहिक विलाप
आसमान में तारे काँपते जाते हैं
क़ैदियों की तरह ख़ौफ़ में

लोग इस वक़्त मेरी कविताओं में
पड़े हुए शब्दों की तरह हैं।

12

अगले साल मैं घर जाऊँगा
और पिता से मिला लकड़ी का
एक बक्सा खोलूँगा
देखूँगा एक पुराना अन्धकार
दीमकों और झींगुरों में
सुरक्षित बचा है।

(रचनाकाल : 1992-1995)

13

आज़ादी
मेरे चेहरे पर
पूरी चौबीस कीलें
ठोंक कर चली गई।

(रचनाकाल : 1970-74)

मेरी जन्मभूमि मेरी पृथ्वी

तुम्हारे भीतर से किसी नदी किसी चिड़िया की आवाज़ नहीं आती
तुम्हारे पेड़ हवा देना बन्द कर रहे हैं
मैं सिर्फ बाज़ार का शोर सुनता हूँ या कोई शंखनाद सिंहनाद
और जब तुम क़रीब से कुछ कहती हो
तो वह कहीं दूसरे छोर से आती पुकार लगती है
मैं देखता हूँ तुम्हारे भीतर पानी सूख रहा है
तुम्हारे भीतर हवा ख़त्म हो रही है
और तुम्हारे समय पर कोई और क़ब्ज़ा कर रहा है।

(अन्तिम सम्पादन : जनवरी, 2018)

तानाशाह इतिहास को पसन्द नहीं करता

वह हमेशा वर्तमान में रहना चाहता है
एक सतत लगातार वर्तमान
उसे पसन्द है ख़बरों में बने रहना
अख़बारों विज्ञापनों पोस्टरों टेलीविज़न के परदे पर
वह चाहता है वह जो कुछ बोले ख़बर बन जाए
उसकी हर बात हर अदा भंगिमा उसकी वेशभूषा दर्ज होती रहे।
और जब कभी वह अपनी आँखें नम करे तो वह क्षण भी दूर-दूर तक
पहुँचता रहे।
ज़ाहिर है तानाशाह जो चाहता है वह होता है और ख़बरें उसके मुताबिक़
चलती हैं।
वह बोलता जाता है घंटों दिनों और महीनों तक
उसे पता है कि यह सब ख़बर है।
लेकिन जैसे ही कोई पलटकर सवाल करता है वह परेशान नाराज़
आगबबूला हो उठता है और धमकी के स्वर में कहता है कि मैं धमकी
नहीं दे रहा हूँ लेकिन यह सवाल बिलकुल ग़लत है। आपका काम
ख़बर देना है, पलटकर सवाल करना नहीं। उसका दिमाग़ नोट कर

लेता है कि बाद में कैसे बदला लिया जाएगा।

तानाशाह को पता है कि सवाल ख़बरों को लाँघकर इतिहास में चले जाते हैं। तानाशाहों को इतिहास बहुत परेशान करता है। वे ख़बरों से ख़ुश और इतिहास से परेशान रहते हैं। इतिहास में उनके काले कारनामे हैं लोगों की कराहें और विलाप हैं क़ब्रें हैं ख़ून के धब्बे और मारे गए लोग हैं। इसीलिए वह अकेले में इतिहास को पोंछने में लगा रहता है। इसीलिये जब हमें किसी ख़ास दौर का इतिहास नहीं मिलता तो इसका कारण यही है कि तानाशाह उसे मिटाने में कामयाब हुए। हमारे समय का इतिहास यह है कि इतिहास को पोंछने वाले तानाशाह लम्बे समय तक ख़बरों में बने रहते हैं। और उनकी मृत्यु के बाद उनके बड़े से परिवार के लोग भी इतिहास को पोंछने के कारोबार में लगे रहते हैं।

(अन्तिम सम्पादन : जनवरी, 2018)

युद्ध

युद्ध अब कोई छेड़ता नहीं
वह चलता रहता है बिना किसी ऐलान के

युद्धबन्दियों की पुरानी क़तारें भी नज़र नहीं आतीं
लोग रोज़ अख़बार देखते हैं किसने किसको मारा है
किसके लड़ाकों के पास कौन-से नए हथियार आए हैं
आँसू किसी आँख में नहीं दिखाई देते
कोई 'मेरा नाम तेरा नाम वियतनाम' नहीं कहता
कोई ग़ुस्से में मुट्ठी तानकर सड़क पर नहीं चलता
कोई यक़ीन नहीं करता कि कमज़ोर एक दिन ताक़तवर को हरा देगा
हनोई की सड़क पर बदहवास चीख़ती-भागती नंग-धड़ंग बच्ची
अब एक लगातार ओझल होती हुई पुरानी तस्वीर-भर है
अब सिर्फ़ तबाहियाँ दिखाई देती हैं
या सिर्फ़ जेलों में यातना दिये जाने के दृश्य
सीरिया का समुद्र मासूम बच्चे की लाश को तट पर पटक देता है
अब सिर्फ़ मृतक नज़र आते हैं या घायल गिरते-पड़ते हुए

छर्रा बन्दूक़ों से छलनी हुए चेहरे और पीठ और आँखें
जो अब कभी कुछ देख नहीं पाएँगी
बाक़ी लोग महज़ शरणार्थी हैं काँटों की ख़तरनाक बाड़ें लाँघकर
अजनबी भूगोलों में जाने की कोशिश करते हुए
दुनिया समुद्र में तैरता हुआ शरणार्थियों का विराट शिविर है

किसी सड़क या चौराहे पर उभर आते हैं विकलांग
वे धरती के नीचे चल रहे किसी युद्ध से लौट रहे होते हैं
काबुल में एक बूढ़ा अपने घर के मलबे में दरवाज़े और खिड़कियाँ खोजता है

बग़दाद में एक औरत अपने बेटे को
आग से बाहर निकालने की कोशिश करती है
एक बार नष्ट हो चुका बेबीलोन फिर से नष्ट किया जाता है
बामियान के बुद्धों का ढहाया जाना रुकता नहीं
बाबरी मस्जिद की पुरानी ईंटें गिरती ही चली जाती हैं
इतिहास के रसातल में

युद्ध छेड़ने वाला मुस्कुराता है टेलीविज़न पर ख़ुद को दिखाता है
अन्तरराष्ट्रीय बैठकें बुलाता है
चीख़ता है यह कहना ग़लत है कि इसमें हमारा कोई कसूर है
वह तो एक हल्की-सी भूल थी एक ग़लत अनुमान
वह अपने हथियारों से घायल हुए लोगों के लिए
नये अस्पताल खोलने की घोषणा करता है
उसके हवाई जहाज़ जान लेने के एवज़ में बचे हुए लोगों के लिए
चिप्स और बिस्किट के पैकेट और बोतलबन्द पानी गिराते हैं धरती पर
ठीक उसी वक़्त
एक दूसरे जहाज़ से उसकी फ़ौजें उतरती हैं किसी दूसरे देश में।

(अन्तिम सम्पादन : जनवरी, 2018)

लोग

लोग लोगों से मिल चुके हैं और उन्हें जान चुके हैं
लोग वाद-विवाद संवाद कर चुके हैं और ख़ामोश हो चुके हैं
लोग शब्दों को कह चुके हैं
और उन्हें हवा में बुलबुलों की तरह उड़ते हुए देख चुके हैं
लोग उपहारों का आदान-प्रदान कर चुके हैं
और प्रेम करने की अपनी असमर्थता को छिपा चुके हैं
लोग एक दूसरे को याद कर चुके हैं और भूल चुके हैं

लोग जानते हैं कि हत्यारे नये वेश में आ चुके हैं
और अपनी जगह बना चुके हैं
हत्यारे झूठ को बार-बार दोहराकर सच में बदल चुके हैं
और लोग स्वीकार कर चुके हैं
हत्यारे मेकअप कर चुके हैं और नाटक शुरू कर चुके हैं
वे अपने ख़िलाफ़ सबूत मिटा चुके हैं मुक़दमे ख़ारिज करा चुके हैं
लोग उनकी जयकार कर चुके हैं
हत्यारे कह चुके हैं कि अब कोई बुनियादी मुद्दा नहीं है

लोग मान चुके हैं कि अब कोई बुनियादी मुद्दा नहीं है
अत्याचारी कह चुके हैं कि निराश होने का कोई कारण नहीं है
और लोग इस बात पर ख़ुश हो चुके हैं

लोग नए और बड़े घर बना चुके हैं
और पिछले और पुराने घरों को छोड़ चुके हैं
लोग एक साथ बाएँ और दाएँ चल चुके हैं
और अपनी मंज़िल तक पहुँच चुके हैं
लोग बहुत कुछ गँवा चुके हैं
और जान चुके हैं कि अभी और भी गँवाना बचा हुआ है।

तात्कालिकता ही एक तरह की अमरता है
बशर्ते वह अनन्तता तक बनी रहे
लोग अनन्त तक घूमकर आ चुके हैं
फ़िलहाल कुछ भी स्थायी महत्व का नहीं है
इसलिए उसके बारे में लोग ख़ामोश हो चुके हैं

और उसका फ़ैसला समय पर छोड़ चुके हैं
लोग जानते हैं भविष्य का कोई ठिकाना नहीं है
इसलिए वे एक सतत वर्तमान को जीते हैं...

(अधूरी, अन्तिम परिवर्तन : 2018)

चेचक की खोज में

अपने देश में यात्राएँ करना अब एक तरह के रेगिस्तान से गुज़रना लगता है। धुंध और उदासी में लिपटे खेत-मैदान रास्ते में पड़ने वाली गंदी बस्तियों और क़स्बों में धीरे-धीरे नष्ट होता जीवन। समय जैसे इस सारे दृश्य को चुपचाप चाट रहा हो। लेकिन इससे पहले कि आप इस दृश्य से ख़ौफ़ खाएँ कुछ ऐसी हरकतें दिखाई दे जाती हैं जिनसे लगता है कि समाज में लोभ स्वार्थ लिप्सा स्पर्धा जैसी चीज़ें अभी बाक़ी हैं और शायद यही चीज़ें बाक़ी हैं और इनके रहते मनुष्य को मिटाया नहीं जा सकता—दीवारों पर यह नारा बेमिसाल लिखा है : चेचक बताओ, सौ रुपये पाओ। सोये हुए लोगों को जगाकर आप कह सकते हैं कि साहब सौ रुपये दो चेचक फैल गई है। यह नारा एक अपूर्व मस्तिष्क की देन है—सारा ज़ोर सौ रुपये पर है और यह आपका भाग्य है कि चेचक फैले।

(1978-1982 में स्वास्थ्य विभाग के चेचक वाले ऐसे नारे मेरठ-मुज़फ़्फ़रनगर राष्ट्रीय राजमार्ग पर बहुतायत में लिखे मिलते थे।)

बुख़ार

बुख़ार की दुनिया भी बहुत अजीब है। वह यथार्थ से शुरू होती है और सीधे स्वप्न में चली जाती है। वह आपको इस तरह झपोड़ती है जैसे एक तीखी-तेज़ हवा आहिस्ते से पतझड़ में पेड़ के पत्तों को गिरा रही हो : वह पत्ते गिराती है और उनके गिरने का पता नहीं चलता। जब भी बुख़ार आता है, मैं अपने बचपन में चला जाता हूँ। हर बदलते मौसम के साथ बुख़ार भी बदलता था : बारिश है तो बुख़ार आ जाता था, धूप अपने साथ देह के बढ़े हुए तापमान को ले आती और जब बर्फ़ गिरती तो माँ के मुँह से यह ज़रूर निकलता, 'अरे भाई, बर्फ़ गिरने लगी है, अब इसे ज़रूर बुख़ार आएगा।' एक बार सर्दियों में मेरा बुख़ार इतना तेज़ हो गया कि पड़ोस की एक चाची ने कहा, 'अरे च्छोरा, तेरा बदन तो इतना गर्म है कि मैं उस पर रोटी सेंक लूँ!' चाची को सुनकर लोग हँस देते और मेरा बुख़ार भी हल्का होने लगता। उधर, मेरे पिता मुझे अपनी बनायी बुख़ार की कारगर दवा ज्वरांकुश देते जिसका कड़वापन लगभग असह्य था। वह गिलोय की गोली थी। लेकिन पता नहीं क्या-क्या पुट देकर इस तरह बनाई जाती थी कि और भी ज़हर बन जाती और बुख़ार उसके आगे टिक नहीं पाता था। एक बार गाँव में बुख़ार

लगभग महामारी की तरह फैलने लगा तो पिता ने मरीजों को ज्वरांकुश देकर ही उसे पराजित किया। अपने ज्वरांकुश और हाजमा चूर्ण पर उन्हें बहुत नाज़ था जिसकी परम्परा मेरे दादाजी या उनसे भी पहले से चली आती थी। पिता कहते थे कि जड़ी-बूटियों को घोंटते वक़्त असल चीज़ यह है कि उन्हें कौन-सा पुट—दूध, शहद, घी, अदरक, पारा, चाँदी, सोने का—दिया जाता है। उसके अनुसार उसकी तासीर और इस्तेमाल बदल जाते हैं। बहरहाल, जब मेरा बुख़ार उतरने लगता तो मुझे उसकी आहट सुनाई देती। वह सरसरा कर उतर रहा है, बहुत आहिस्ते, जैसे साँप अपनी केंचुल उतारता है। केंचुल उतरने के बाद लगता शरीर बहुत हल्का हो गया है और आने वाले बुख़ारों को झेलने में समर्थ है। बुख़ार के बाद त्वचा में एक अजीब पतलापन आ जाता था और हाथ की शिराओं का नीला रंग उभर आता जिसे देर तक देखना अच्छा लगता।

(2020)